AF230579

RÈGLEMENT DE VIE

ET

PROGRAMME D'ÉTUDES

A L'USAGE DES JEUNES FILLES

ET

DES FEMMES CHRÉTIENNES

ORLÉANS

H. HERLUISON, ÉDITEUR

17, RUE JEANNE-D'ARC, 17

—

1891

RÈGLEMENT DE VIE

ET

PROGRAMME D'ÉTUDES

A l'usage des jeunes filles

ET DES FEMMES CHRÉTIENNES.

RÈGLEMENT DE VIE

ET

PROGRAMME D'ÉTUDES

A L'USAGE DES JEUNES FILLES

ET

DES FEMMES CHRÉTIENNES

ORLÉANS

H. HERLUISON, ÉDITEUR

17, RUE JEANNE-D'ARC, 17

—

1891

RÈGLEMENT

Le but de ce règlement est de réagir contre la vie oisive, frivole ou mondaine, par la régularité dans les exercices de piété, l'application aux devoirs d'état, la simplicité des habitudes et la modestie de l'extérieur ; enfin, de relever la vie intellectuelle chez les femmes chrétiennes, dans la mesure que comportent les aptitudes, la situation, les besoins, les loisirs de chacune d'elles.

Ce règlement doit être comme une

table de la loi, qui rappelle sans cesse à
'a jeune fille ou à la femme chrétienne
les devoirs de l'âme, du cœur, de l'esprit; tous avec une forme précise, de
manière à ce qu'ils soient distincts de
ces rêveries et de ces vaines spéculations
qui amusent et flattent la paresse sans
rien produire de sérieux ni de durable
dans la vie.

I. — *Pour l'âme :* des exercices de
piété solides, réguliers, qui ne dépendent
pas des dispositions passagères de l'âme,
de ses ardeurs ou de ses aridités, de ses
répugnances ou de ses élans éphémères,
mais aient dans la journée une place
immuable, qui ne soit cédée qu'à des
obligations urgentes.

La correction des défauts en général et la correction particulière d'un défaut jusqu'à extinction.

II. — *Pour le cœur :* le don de soi à sa famille — et, dans une mesure discrète, à ceux que la Providence de Dieu met à même d'aider et de secourir. — Assigner à ce dévoûment des actes, et des heures précises et prévues d'avance ; se faire un devoir, tout en évitant la préoccupation et l'inquiétude, d'être attentives aux occasions de se dévouer ; et se souvenir que l'attention aux besoins des autres est le premier degré du dévoûment, l'inattention, le commencement de l'égoïsme.

III. — *Pour l'esprit :* chercher et apprendre par soi-même. Étudier simultanément la Religion, l'Histoire et la Littérature, car ces trois sortes d'études se complètent l'une par l'autre ; mais la Religion doit rester le centre, auquel les deux autres se rattachent.

— Se rappeler que le travail du matin est le plus facile et le plus fructueux, quand il est possible, comme il l'est ordinairement, au moins dans la vie des jeunes filles.

— Déterminer d'une manière précise le temps consacré à ces études, et le préserver ainsi du gaspillage et du caprice ; laisser cependant à ce règlement assez de souplesse et de latitude pour qu'il se plie à toutes les modifications justifiées par de vraies raisons.

VIE PIEUSE·

« *Exercice fondamental :* » — Méditation ou lecture méditée d'au moins un quart d'heure ; le plus tôt possible après le lever ; pendant ou en dehors de la Sainte Messe, à laquelle on assistera aussi souvent que le permettront les devoirs d'état.

— Vers le milieu de la journée, après le déjeuner : récitation totale ou partielle du chapelet.

— Dans le courant de l'après-midi : s'il se peut, une visite au Saint-Sacrement, — une lecture spirituelle d'au moins dix minutes.

— Le soir, un examen sérieux durant la prière du soir, particulièrement sur un défaut, et sur la soumission joyeuse et douce à la vie tracée par Dieu. — C'est le moyen de se mettre en garde contre la poursuite d'une perfection chimérique, cherchée en dehors des devoirs d'état.

— Se confesser au moins tous les quinze jours et communier selon l'avis de son confesseur.

— Autant qu'on le pourra, suivre les offices du Dimanche à la paroisse et donner son concours à quelques bonnes œuvres.

— Saisir volontiers et même chercher l'occasion de visiter quelques pauvres ou malades.

VIE EXTÉRIEURE

— Lever à une heure régulière.

— Coucher autant que possible entre 9 et 10 heures du soir.

— Abréger le plus qu'on pourra les veillées mondaines ; — n'aller au bal que dans la mesure des obligations et des convenances de position et de famille.

— Donner dans le monde l'exemple d'une tenue modeste, d'une toilette simple ; restreindre le plus possible le décolletage et réagir prudemment, mais courageusement, contre les modes et les danses en désaccord avec la modestie chrétienne ; — ne contribuer en rien à l'introduction de nouveaux usages qui pourraient y être contraires.

— S'abstenir absolument des réunions mondaines à partir du carême.

— Restreindre aux limites vraiment nécessaires le temps, l'argent et les préoccupations que l'on consacre à la toilette. Se rappeler que l'on doit compte à Dieu du temps que l'on perd à ces frivolités, et que l'on ravit à l'Église et aux pauvres l'argent qu'on y dépense en dehors de la nécessité. Se rappeler que ces fautes deviennent plus graves en raison des circonstances douloureuses où se trouvent aujourd'hui la France et l'Église, et qu'une vie de dissipation et de plaisir convient moins que jamais à

des jeunes filles et à des femmes chrétiennes.

VIE DE L'ESPRIT

Accorder chaque jour un temps régu-
lier à l'étude (une, deux ou trois heures
selon ses loisirs), et la poursuivre d'après
un plan et une direction.

— Lire dans un ordre méthodique;
— achever toujours une étude ou un
livre commencé avant d'en aborder un
autre.

— Lire la plume à la main; — résu-
mer chaque lecture, chaque livre, en quelques lignes rapides, et relire de temps
en temps ces résumés. — Noter les pen-

sées qui auront frappé ou que l'on croit devoir être particulièrement utiles.

— Se proposer toujours dans le travail intellectuel de fortifier sa foi, de nourrir sa piété et d'accomplir l'obligation où est toute âme de connaître Dieu pour l'aimer et le servir, — le faire aimer et servir.

———————

Accomplir fidèlement ce que l'on s'est prescrit dans son règlement; — le faire librement, sans contrainte, à cœur ouvert, parce que Dieu le veut et qu'on aime la volonté de Dieu. « *Ecce ancilla Domini.* »

— Relire au moins une fois tous les mois son règlement comme on écouterait la voix de Dieu, et réparer ses défaillances par quelques résolutions précises qui renouvellent et affermissent la fidélité.

PROGRAMME D'ÉTUDES

L'ÉTUDE peut et doit avoir sa place dans la vie de la plupart des femmes, sans jamais préjudicier aux devoirs d'état, qui doivent être inviolablement sauvegardés et préférés à tout.

Les connaissances acquises dans les premières années de l'enfance et de la jeunesse ne tardent pas à s'effacer quand elles ne sont pas cultivées et développées par un travail persévérant. Ce travail est tout d'abord une des garanties les plus

efficaces contre la vie frivole et mondaine. Ordinairement, quand la jeune
fille quitte la pension ou les cours, elle
entre dans les années les plus péril-
leuses de sa vie, celles où le monde lui
apparaît et la séduit. Même en dehors
du temps qu'elle donne aux devoirs de
la piété, à l'apprentissage qu'elle doit
faire de la vie pratique, aux initiations
nécessaires qui la préparent à la grande
mission de maitresse de maison, d'é-
pouse, de mère, aux relations qu'exi-
gent les convenances, aux divertissements légitimes, il lui reste des heures
sans emploi, qui seront dissipées ou mal
employées si l'étude ne les remplit. Elle
les donnera aux rêveries amollissantes,

aux conversations inutiles, aux toilettes interminables, aux lectures romantiques et frivoles, aux divertissements sans limites, à tout ce qui stérilise la vie et parfois la corrompt.

Mais le travail n'est pas seulement pour la jeune fille et la femme chrétienne une garantie ; il est, dans le sens profond du mot, un *secours* : un secours pour sa foi.

Cette foi est aujourd'hui bien exposée, surtout dans certains milieux, et nos ennemis ne cachent pas leurs projets de la poursuivre dans le cœur de la femme et de la mère chrétienne.

L'objection se rencontre partout : dans les conversations, les lectures, les salons, l'intimité de la famille ; elle s'insinue par les revues, les journaux, les récits, les brochures répandues à profusion et lues sans scrupule. Le rationalisme allemand, qui ne s'adressait il y a trente ans qu'à quelques initiés, s'est revêtu d'une forme légère, attrayante, romantique, qui l'introduit dans les sociétés qui lui paraîtraient le moins accessibles. Aussi les connaissances élémentaires, qui suffisaient autrefois à défendre l'intégrité de la foi, bien souvent aujourd'hui sont impuissantes à la protéger.

Ce travail intellectuel est encore un secours pour la grande mission d'épouse et de mère chrétiennes.

Comment la mère surveillera-t-elle dans l'âme de son enfant la vie intellectuelle qu'en tant de lieux et de tant de manières aujourd'hui l'on s'efforce de corrompre, si elle est absolument étrangère à l'enseignement qu'on donne à cet enfant ?

D'une manière générale, l'étude bien dirigée et convenablement mesurée selon la condition, les aptitudes et les loisirs de chacune, habitue l'esprit aux pensées sérieuses, discipline l'imagination, qui s'exalte dans le vide de l'intelligence, développe le jugement et l'énergie de la volonté par l'effort soutenu qu'elle lui impose, et, en équilibrant ainsi les facultés, devient un puissant auxiliaire de la vie pratique elle-même. Elle aide aussi à l'influence légitime et désirable qu'une femme doit exercer sur son mari, ses enfants, et particulièrement sur ses fils.

Au reste, l'élan est donné. Depuis quelques années le programme des études pour les jeunes filles s'est considérablement élargi.

L'on fonde de toutes parts des cours, et, hélas! des lycées! Reste à savoir, en ce moment, si l'esprit chrétien prévaudra sur l'esprit rationaliste, si ce développement intellectuel viendra au secours de la foi, ou s'il sera dirigé contre elle. Si les femmes chrétiennes s'y associent résolûment sous une direction sûre, elles le domineront et le dirigeront, et, comme tout vrai progrès, il tournera à l'affermissement de la foi dans les âmes, où elle eut jusqu'ici son plus inviolable asile.

C'est dans cette espérance que ce catalogue a été rédigé.

Nous donnons en trois parties les études qui conviennent aux femmes et nous les plaçons sous ces trois titres : « *Études religieuses; — historiques; — littéraires et artistiques.* »

Il est à désirer qu'elles soient faites simultanément, car elles s'éclairent et se complètent l'une par l'autre.

Le programme que nous proposons ici fait converger toutes ces études vers la religion comme vers leur centre. Nous nous sommes attachés à indiquer, dans l'ordre où ils seront étudiés avec le plus de profit, les ouvrages les plus accessibles aux jeunes filles et aux femmes chrétiennes du monde. Toutefois nous ferons remarquer que ce programme ou plutôt ce guide ne saurait être complet, et qu'en le composant nous n'avons pas eu l'intention d'exclure tel ou tel autre écrivain de même valeur ou de même esprit. Malgré la prudence qui a présidé au choix de ces ouvrages, la femme ou la jeune fille chrétienne se souviendra qu'un guide sous forme de livre ne peut absolument remplacer le guide vivant, le directeur ou toute autre personne autorisée, consciencieuse et éclairée, car il s'agit de l'esprit et de l'âme à former et pas simplement d'un voyage de touriste à faire. Dans notre pensée, chacun de ces ouvrages doit être l'objet non seulement d'une lecture rapide, mais d'une étude réfléchie, qui, à l'aide d'analyses et de notes prises et conservées avec soin, laissent dans l'esprit un ensemble d'idées et de connaissances.

A lire tout d'abord : « LA FEMME STUDIEUSE » et les « LETTRES SUR L'ÉDUCATION DES FILLES, *de Mgr Dupanloup*.

I

RELIGION ET PHILOSOPHIE CHRÉTIENNE.

---

§ I

Écriture sainte.

Vigouroux. — La Sainte Bible, 4 vol. in-12.
Bacuèz et Vigouroux. — Manuel biblique,
4 vol. in-12.

Ouvrages spéciaux.

Mgr Plantier. — Poètes bibliques, 2 vol.
Mgr Meignan. — Prophéties messianiques.
— Les Psaumes de David.
— L'Ecclésiaste.

§ II

Apologétique.

LECLERCQ. — Théologie du catéchisme, 2 vol.

BOSSUET. — Exposition de la doctrine catholique.

PASCAL. — Pensées (*édition Drioux ou Rocher*).

CAPECELATRO. — Exposition de la doctrine chrétienne.

MONSABRÉ (R. P.). — Introduction au dogme catholique, 4 vol.

— Exposition du dogme catholique, 2 vol.

LACORDAIRE. — Conférences, 5 vol.

Mgr BOUGAUD. — Le Christianisme et les temps présents, 5 vol. in-12.

FRAYSSINOUS. — Conférences sur le Christianisme, 2 vol.

NICOLAS. — Art de croire, 2 vol.

— Études philosophiques sur le Christianisme, 4 vol.

P. FÉLIX. — Le progrès (*conférences*), 16 vol. in-8.

PERREYVE (Abbé). — Entretiens sur l'Église catholique.

BALMÈS. — Le Catholicisme comparé au Protestantisme.

T.-H. MARTIN. — La vie future.

DUILHÉ DE SAINT-PROJET. — Apologie scientifique de la foi chrétienne.

SAUVÉ. — Questions religieuses et sociales.

NEWMAN (Cardinal). — Histoire du développement de la doctrine chrétienne.

§ III

Philosophie.

R. P. Chabin, S.-J.
Élie Blanc. } Manuel complet.
Jourdain,

Élie Blanc. — Histoire de la Philosophie.

Vallet. — Histoire de la Philosophie.

Ouvrages spéciaux.

Balmès. — L'art d'arriver au vrai.

Gratry (R. P.). — Les Sources.

   —   Vertus intellectuelles inspirées (*chapitre de la Logique*).

   —   Connaissance de Dieu. 2 vol.

De Margerie. — Théodicée, 2 vol.

Leveque. — Esthétique, 2 vol.

Tonnelé. — Art et Philosophie.

Lamennais. — Le Beau et l'Art.

J. de Maistre. — Soirées de Saint-Pétersbourg, 2 vol. in-12.

Charaux. — Critique idéale et catholique.

De Margerie. — Philosophie du XIXe siècle.

II

HISTOIRE.

Méthode à suivre dans cette étude. — Se faire une idée nette de la suite des grands événements et des divers peuples qui se sont succédé sur la scène du monde. — Se faire une idée nette de l'histoire de la vraie religion et, à partir de Jésus-Christ, de l'histoire de l'Église dans son ensemble.

Étudier ensuite à part et dans l'ordre chronologique chaque grande époque,

— rattacher à l'étude de chaque époque la lecture attentive des biographies de quelques-uns des personnages qui, à un titre ou à un autre, ont dominé dans chacune de ces époques. — Ne jamais terminer l'étude d'une époque sans avoir dressé un tableau chronologique des principaux événements qui s'y sont accomplis.

———

§ I

Histoire ecclésiastique.

Un *Manuel* général.

Bossuet. — Discours sur l'Histoire universelle.

Alzog. — Histoire de l'Église, 4 vol.

Blanc. — Histoire de l'Église, 3 vol.

Hergenrœther. — Histoire de l'Église, 6 vol.

Ouvrages spéciaux.

R. P. Didon. — Jésus-Christ, 2 vol.

Fouard.   } Vie de Notre-Seigneur Jésus-
Le Camus. } Christ, 2 vol.

R. P. Olivier. — La Passion de N.-S. J.-C.

Fouard. — Saint Pierre.

—   Saint Paul.

Baunard. — Saint Jean.

Duchesne. — Origine du culte chrétien.

Mgr Freppel. — Les Pères apostoliques et les Apologistes chrétiens.

Champagny. — Rome et la Judée, 2 vol.

Champagny. — Les Césars, 4 vol.

ALLARD. — Rome souterraine.

— Histoire des Persécutions, 2 vol.

— Les esclaves chrétiens.

DOM GUÉRANGER. — Sainte Cécile.

DE BROGLIE. — L'Église et l'empire romain au IVe siècle, 6 vol.

MŒHLER. — Saint Athanase.

OZANAM. — Civilisation au Ve siècle.

Msr LAGRANGE. — Sainte Paule.

— Saint Paulin de Nole.

BAUNARD. — Saint Ambroise.

MONTALEMBERT. — Les Moines d'Occident, 7 vol. in-12.

MARTIN. — Les Moines.

TROPLONG. — De l'influence du Christianisme sur le Droit romain.

JAGER (L'abbé). — Histoire de Photius.

LENORMAND. — Cours d'histoire.

GORINI. — Défense de l'Église, 4 vol.

DELARC. — Saint Léon IX et son temps.

— Saint Grégoire VII.

Lecoy de la Marche. — Saint Martin.

Hurter. — Innocent III.

Hübner. — Sixte-Quint, 3 vol.

De Falloux. — Saint Pie V, 2 vol.

Tosti. — Boniface VIII.

Audin. — Léon X, 2 vol.

Ravignan. — Clément XII et Clément XIV, 2 vol.

Lacordaire. — Saint Dominique.

Ratisbonne. — Saint Bernard, 2 vol.

Lemonnier. – Saint François d'Assise, 2 vol.

Christophe. — Histoire de la Papauté au XIVe siècle, 3 vol.

Cantu. — Les hérétiques d'Italie, 5 vol.

A. du Boys. — Catherine d'Aragon.

Gosselin. — Pouvoir des Papes au Moyen Age.

Mgr Dupanloup. — Pouvoir temporel.

Héfelé. — Histoire des Conciles, 12 vol.

Wiseman (Cardinal). — Histoire des quatre derniers Papes.

§ II

Histoire profane.

CANTU. — Histoire universelle, 19 vol.

LENORMAND. — Histoire ancienne grecque.

THIERRY. — Récits de l'Histoire romaine.

MONTESQUIEU. — Cause de la grandeur et de la décadence des Romains.

AMPÈRE. — Histoire romaine à Rome, 4 vol.

LAURENTIE. — Histoire de France, 8 vol.

TROGNON. — Histoire de France, 5 vol.

DARESTE. — Histoire de France, 9 vol.

A. THIERRY. — Récits des temps mérovingiens, 2 vol.

OZANAM. — Toutes ses œuvres historiques, 11 vol.

GAILLARDIN. — Histoire du Moyen Age.

MICHAUD. — Histoires des Croisades, 4 vol.

SEMICHON. — Paix et trêve de Dieu.

De Meaux. — Les luttes religieuses en France.

Thomson. — Histoire de Philippe II.

Wallon.
Faure. } Saint Louis.

Lavallée. — Histoire de la Maison de Saint-Cyr.

Luce (Siméon). — Duguesclin.

Beaucourt. — Charles VII et Jacques Cœur.

Wallon. — Jeanne d'Arc.

Rescott. — Isabelle et Ferdinand.

Baschet. — La diplomatie vénitienne au XVIe siècle.

Noailles. — Henri de Valois et la Pologne.

Kervyn de Lettenhove. — Marie Stuart, 2 vol. in-8.

Chalembert. — La Ligue.

Poirson. — Henri IV.

Chéruel. — Histoire de France sous Mazarin, 3 vol.

Marius TOPIN. — Louis XIII et Richelieu.

C. ROUSSET. — Histoire de Louvois, 4 vol.

Mgr BOUGAUD. — Saint Vincent de Paul,
2 vol.

FAILLON. — Vie de M. Olier, 3 vol.

HAMON. — Saint François de Sales, 2 vol.

HOUSSAYE. — Cardinal de Bérulle.

TOPIN.
CHÉRUEL. } Louis XIV.
GAILLARDIN.

Mgr BOUGAUD. — Sainte Chantal, 2 vol.

DE LEYMONT. — Mme de Sainte-Beuve.

Cardinal DE BAUSSET. — Histoire de Bossuet.
3 vol.

— Histoire de Fénelon,
4 vol.

DE BROGLIE. — Fénelon à Cambrai.

— Frédéric II et Marie-Thérèse, 2 vol.

TOCQUEVILLE. — L'ancien régime et la
Révolution.

De Falloux. — Louis XVI.

Taine. — Origines de la France contemporaine : l'ancien régime et la Révolution, 5 volumes.

E. Biré. — La Légende des Girondins.

Wallon. — Histoire du Tribunal révolutionnaire, 6 vol.

De la Rocheterie. — Marie-Antoinette, 2 vol.

De Beauchesne. — Louis XVII, 2 vol.

De la Rochejaquelein (M^{ise}). — Mémoires.

Barante. — Le Directoire.

Thiers. — Le Consulat et l'Empire, 21 vol.

Nettement — Histoire de la Restauration, 8 vol.

C. Rousset. — Conquête d'Alger.

Thureau-Dangin. — Histoire de la monarchie de Juillet, 4 vol.

Le Roux de Lincy. — Les Femmes célèbres de l'ancienne France.

Cantu. — Histoire des Italiens, 12 vol.

MACAULAY. — Histoire d'Angleterre.

GUIZOT. — Histoire de la civilisation en Europe.

GUIZOT. — Histoire de la civilisation en France, 4 vol.

DE FALLOUX. — Mémoires d'un Royaliste.

FOISSET. — Vie du P. Lacordaire, 2 vol.

Mgr LAGRANGE. — Vie de Mgr Dupanloup, 3 vol.

P. DE PONTLEVOY. — Le P. de Ravignan.

III

LITTÉRATURE.

Étudier d'abord l'histoire de la Littérature chez les différents peuples, surtout aux grandes époques, — s'attacher à la lecture et à l'analyse de quelques auteurs bien choisis dans les différents ordres.

———

§ I

Littérature française.

VILLEMAIN. — Littérature du Moyen Age, 2 vol.

R. P. CHAUVIN.
M. G. LE BIDOIS. } La Littérature française par les critiques contemporains.

Léon GAUTIER. — Épopées françaises, 3 vol.

DEMOGEOT. — Histoire de la Littérature française.

NISARD (D.). — Histoire de la Littérature française, 4 vol.

GODEFROY (F.). — Histoire de la Littérature française, 10 vol.

BRUNETIÈRES.
E. FAGUET. } XVIIᵉ, XVIIIᵉ et XIXᵉ siècles.

LIVET. — Précieux et Précieuses.

NETTEMENT. — Littérature française sous la Restauration, 2 vol.

Léon GAUTIER. — Chanson de Roland.

BOSSUET. — Œuvres.

FÉNELON. — Œuvres.

BOURDALOUE. — Œuvres.

MASSILLON. — Petit Carême.

Mme DE SÉVIGNÉ. — Lettres.

CORNEILLE. — Polyeucte, le Cid, Horace, Cinna.

RACINE. — Esther, Athalie, Britannicus, Iphigénie.

LA BRUYÈRE. — Caractères.

Mme DE MAINTENON. — Entretiens et Lettres (*édition Lavallée*).

LA FONTAINE. — Fables (*édition classique*).

CHATEAUBRIAND. — Génie du Christianisme.

— Itinéraire de Paris à Jérusalem.

LAMARTINE. — Lectures pour tous.

V. HUGO. — Les Enfants.

V. DE LAPRADE. — Pernette.

— Le Livre d'un Père.

BIRÉ. — Causeries littéraires.

— Victor de Laprade.

— Victor Hugo.

FOURNEL. — Figures d'hier et d'aujourd'hui.

LEGOUVÉ. — L'art de la lecture.

—   Nos fils et nos filles.

OZANAM. — Lettres, 2 vol.

J. DE MAISTRE. — Lettres.

Mme SWETCHINE. — Lettres et œuvres, 2 vol.

H. PERREYVE. — Lettres, 2 vol.

§ II

Littérature classique, grecque et romaine.

PIERRON. — Histoire de la Littérature grecque.

—   Histoire de la Littérature romaine.

AMPÈRE. — Rechercher la Littérature latine dans l'Histoire romaine à Rome.

VILLEMAIN. — Dans le Pindare lire l'introduction sur la Littérature grecque.

Pélissier. — Antiquité classique.

— Antiquité chrétienne.

§ III

Littérature étrangère.

Puibusque. — Histoire de la Littérature espagnole, 2 vol.

Heinrich. — Histoire de la Littérature allemande.

Étienne. — Histoire de la Littérature italienne.

Ozanam. — Le Dante.

— Les Poètes Franciscains.

Revues.

Le Correspondant.

L'Université catholique (ancien *Contemporain*).

Études religieuses.

IV

ARTS.

—

'LAMENNAIS. — Philosophie de l'Art.

GIOBERTI. — Esthétique.

COUSIN. — Du beau. (*Le vrai, le beau et le bien.*)

TOPFFER. — Menus propos.

Ch. BLANC. — Grammaire des arts du dessin.

VIARDOT. — Merveilles de la Peinture, 3 vol.

Merveilles de la Sculpture.

Rio. — L'art chrétien, 4 vol.

Allard. — L'art païen sous les empereurs
chrétiens.

Clément. — Musiciens célèbres.

Vitet. — Mélanges.

V

SPIRITUALITÉ.

———

Manuel du Chrétien (*psaumes, évangiles, épitres et Imitation*).

Bossuet. — Élévations sur les mystères.

— Méditations sur l'Évangile.

— Sermons.

Bourdaloue. — Retraite et Sermons.

Mgr Baudry. — Le Sacré Cœur.

D'après Bossuet. — Mois de Marie.

Léon Gautier. — Prières à la Vierge.

P. Gratry. — Mois de Marie.

Mgr Pavy. — Mois de Marie.

Netty du Boys. — Mois de Saint Joseph.

Hamon.
P. Vercruysse. Méditations pour tous les
P. Bronchain. jours de l'année.
De Brandt.

P. Chaignon. — Méditations à l'usage des
fidèles, 2 vol.

Tricalet. — Année spirituelle, 2 vol.

Dom Guéranger. — Année liturgique.

Duquesne. — Imitation méditée.

Sainte Catherine de Sienne. — Lettres,
4 vol.

Sainte Thérèse. — Le chemin de la
perfection.

— Lettres.

Saint François de Sales. — Introduction à
la vie dévote.

— Traité de l'amour
de Dieu.

— Lettres.

FÉNELON. — Lettres spirituelles.

P.-Ch. PERRAUD. — Paroles de Notre-
Seigneur *dans l'Évangile*).

— Les sept paroles.

R. P. A. MEYNARD. — La vie intérieure
d'après saint Thomas
d'Aquin.

P. GROU. — Manuel des âmes intérieures.

BAUDRANT (R. P.). — L'âme élevée à
Dieu.

LARFEUILLE. — Le quart d'heure pour Dieu.

— La femme à l'école de Marie.

Mgr GAY. — La vie et les vertus chrétiennes.

P. DE RAVIGNAN. — Entretiens spirituels.

P. FABER. — Le Créateur et la créature.

— Bethléem.

— Le Saint-Sacrement.

— Le pied de la Croix.

— Conférences.

Mgr ISOARD. — La vie chrétienne.

BAUTAIN (L'abbé). — La chrétienne de nos jours.

Mgr LAGRANGE. — Lettres de saint Jérôme.

P. LACORDAIRE. — Lettres.

— 54 —

Toutes les biographies des saints indiquées dans le programme d'études.

P. LACORDAIRE. — Saint Dominique.

— Sainte Marie-Madeleine.

Une CARMÉLITE. — Sainte Thérèse d'après les Bollandistes.

DE MONTALEMBERT. — Sainte Élisabeth de Hongrie.

Mgr BOUGAUD. — Sainte Monique.

— La Bienheureuse Marguerite-Marie.

***. — Mlle Le Gras.

Mgr DUPANLOUP. — La Bienheureuse Marie de l'Incarnation, 2 vol.

Abbé GILLET. — La Vénérable Louise de France.

Mme DE MENTHON. — Les deux filles de sainte Chantal.

P. Chocarne. — Le P. Lacordaire, sa vie intime.

Gratry (R. P.). — L'abbé Perreyve.

Mᵍʳ Perraud. — Le Père Gratry.

Netty du Boys. — L'abbé Hestch.

Mᵐᵉ Barberey. — Élisabeth Seton, 2 vol.

De Falloux. — Mᵐᵉ Swetchine, 2 vol.

Mᵍʳ D'Hulst. — Vie de la mère Marie-Thérèse.

— Juste de Bretonnière.

Craven (Mᵐᵉ). — Sœur Nathalie Nariskin.

De Melun. — Sœur Rosalie.

Cardinal Foulon. — Vie de Mᵍʳ Darboy.

Mᵍʳ Capecelatro. — Vie de sainte Catherine de Sienne.

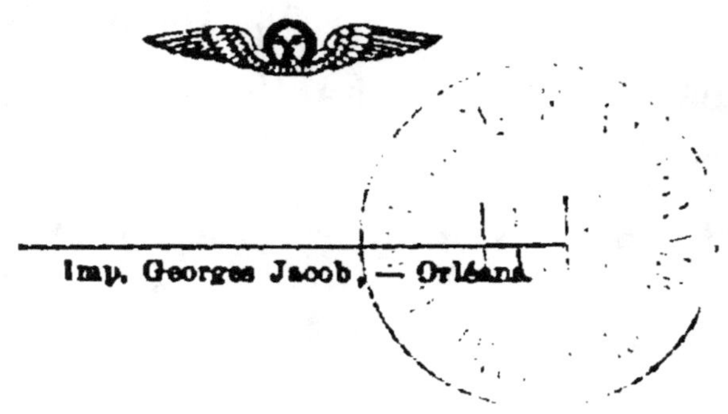

Imp. Georges Jacob. — Orléans

Documents manquants (pages, cahiers...)
NF Z 43-120-13